fish

fan

The Letter

Ff

fairy

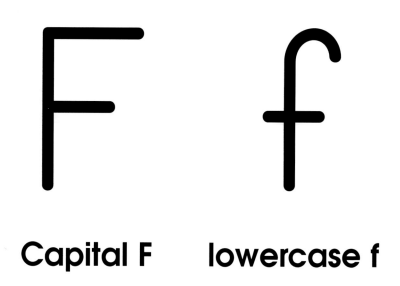

Capital F   **lowercase f**

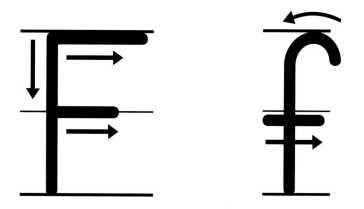

This is the way to write Ff.

**Ff is for
a fish with fins.**

**Ff is for
five fish.**

**Ff is for
four feathers.**

**Ff is for
a fan made
of feathers.**

**Ff is for a
fairy with a
magic wand.**

Ff is for fish
Swimming in a pond,
A fancy feather fan,
And a fairy's magic
wand.